DISCOURS

PRONONCÉ SUR LA TOMBE

DE M. LESUEUR

15 *octobre* 1891

27

40460

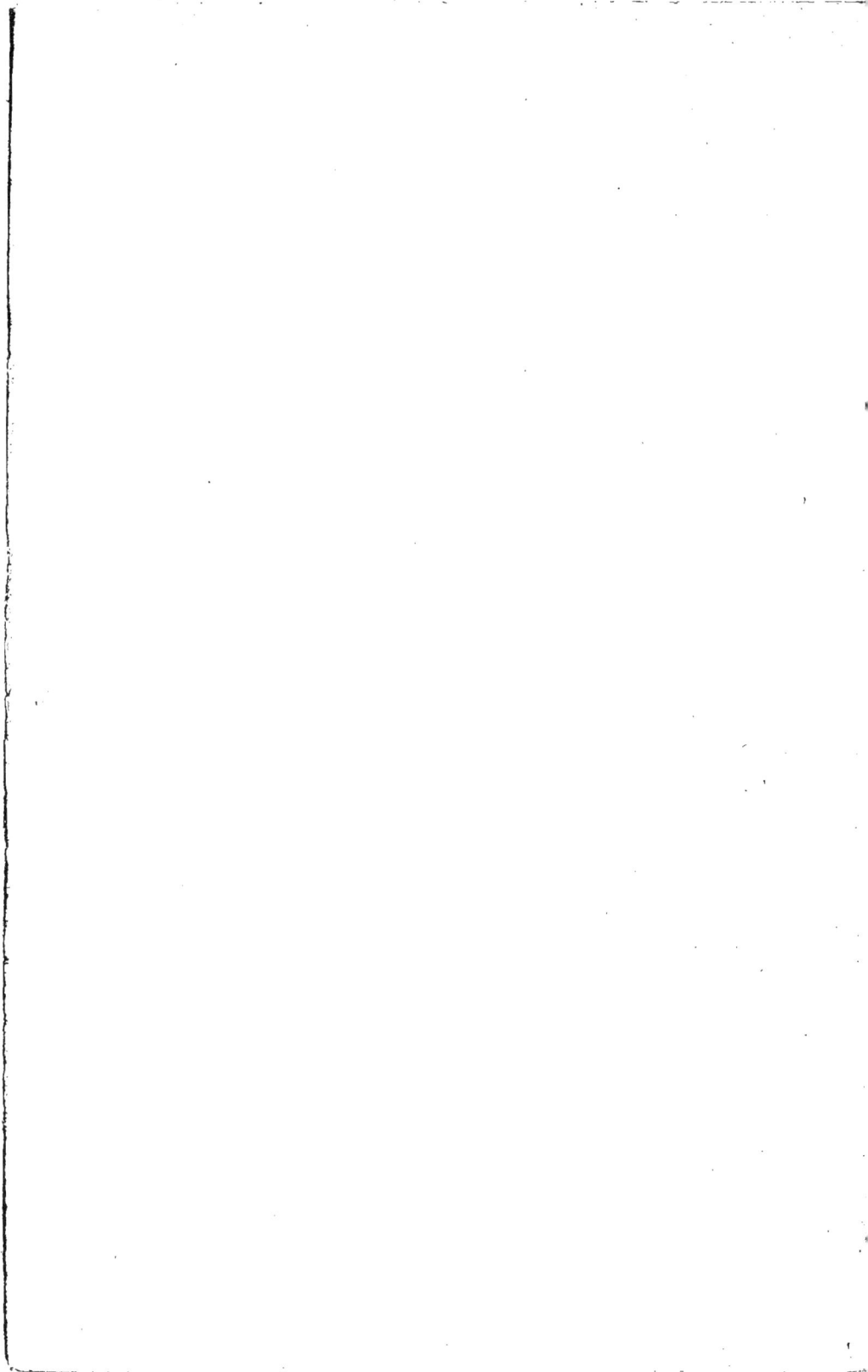

DISCOURS

PRONONCÉ SUR LA TOMBE

DE M. LESUEUR

15 *octobre* 1891

MESSIEURS,

Un homme de bien vient de s'éteindre,
un ami vient de nous être ravi : Lesueur
n'est plus.....

Créteil vient de prendre son habit de
deuil pour rendre les derniers devoirs à un
bienfaiteur des déshérités de la vie.

Retracer l'existence du meilleur de nos
amis qui vient d'être enlevé à notre affec-
tion, n'est pas chose facile !

Il n'a point connu les luttes de la poli-
tique ; il n'a point gaspillé son temps dans
des débats souvent stériles : il a pris le bon

chemin, celui qui conduit à la demeure du pauvre.

Il n'a point recherché les honneurs, il n'a pas bu à ce calice trompeur, mais il a été la Providence des malheureux.

Simple, modeste, possédant un cœur ardent, une conviction inébranlable; comme saint Vincent de Paul, profondément religieux, Lesueur a passé dans la vie en faisant le bien.

Est-il, dans cette commune, une œuvre de bienfaisance, à laquelle il n'ait participé? Comme toutes les âmes d'élite, il n'attendait pas qu'on vînt le solliciter : par le froid, la neige, les hivers les plus rigoureux, il venait, comme un ange céleste, apporter à celui qui souffre les inépuisables consolations de son grand cœur. Sa sollicitude s'étendait particulièrement sur les petits : « Venez à moi, » leur disait-il, en s'inspirant des paroles éternelles de Jésus-Christ, et les enfants venaient à lui.

Ils venaient à lui en fréquentant les écoles pour lesquelles sa digne compagne et lui

ont sacrifié une large part de leurs res-
sources.

Dans le commerce de la vie, nous avons
tous apprécié la rectitude de son jugement,
la grande élévation de son esprit et surtout
sa bonté.

Les sentiments de charité, dans ce que
la charité a de plus noble, étaient l'apanage
de sa vie.

Ah ! Messieurs, que de vertus enfouies
dans ce cercueil !

L'âme de notre ami a pris son essor vers
le ciel ; un concert divin a salué certaine-
ment son entrée dans le royaume éternel,
où sa place était désignée par Celui qu'il a
servi sur cette terre avec une foi ardente.

S'il est heureux là-haut, quel vide im-
mense vient de se produire dans nos rangs !

Enfants, qui entourez cette tombe, sou-
venez-vous du plus généreux de vos bien-
faiteurs ; conservez pieusement au fond de
vos cœurs le nom d'un homme qui vous a
profondément aimés.

Et nous tous, en saluant, pour une dernière fois, les restes inanimés de notre cher ami, avant que la terre ait recouvert sa dépouille, prenons la ferme résolution de nous inspirer de ses mâles vertus.

Au revoir, Lesueur, dans le sein de Dieu !

SAINT-CLOUD. — IMPRIMERIE BELIN FRÈRES.

ς

www.ingramcontent.com/pod-product-compliance
Lightning Source LLC
Chambersburg PA
CBHW061805040426

42447CB00011B/2486